생명의 랩소디

생명의 랩소디

윤유점

현대시학 시인선

※ 시인의 말

그 숲

여백으로 남겨둔다

차례

: 시인의 말

1부

팽나무 연대기	13
떨켜 1	14
떨켜 2	15
나는 벌목되다 1	16
나는 벌목되다 2	18
숲 천년을 살다	19
수목한계선	20
헌신에 대한	22
치유의 숲	24
가위손	26
하늘 정원	28
수목원에서	29
이상한 나라의	30
환생의 나무	31
유전적 몰락	32
가끔은	33
풀빛에 물들다	34

2부

마른 꽃이 되다	37
해골산, 세상을 품다	38
나비의 꿈	40
천지를 여는 소년	42
그림 속 나무	44
오후의 눈물	45
대나무 숲이 사라졌다	46
생명의 랩소디	47
대프리카에 산다	48
다른 쪽에 있는 그림자 숲	49
나에게도 날개가 있었다	50
훗날이 오다	52
스모그	54
리셋증후군	56
태양의 꽃	58
엄마는 몰라	60
제비꽃의 역설	62

3부

겨울의 봄	65
모든 날들이 그러했다	66
사유의 변	67
하늘로 가는 배	68
잔고 증명	70
행복한 유령	72
나의 계절이 가고 있다	73
그날 빛났을까	74
그때쯤이면	75
그리고 꽃	76
생명 안에서	77
살다가	78
시조새	79
만족한 코뿔소	80
결의 시간	81
동화 같은 그런 날	82

4부

갯벌 물들다	85
생명을 잇는 변주곡	86
가을의 속삭임	87
손톱 깎는 날 1	88
손톱 깎는 날 2	89
프랙탈의	90
비상	91
같거나 다른	92
완벽한 타인	94
뻘배를 밀다	95
푸른 숨결	96
가문비나무 비탈에 서다	97
춤추는 나무	98
바람의 조우	99

: 해설

상생을 위한 겹눈의 시적 역학 | 유종인(시인)

1부

팽나무 연대기

아름드리나무가 있다 잎이 무성하고 높이 솟아있어 우러러 보았다 하늘과 땅을 이어주며 마을을 지켜주는 신목이라 했다 휘돌아가는 강물을 따라 많은 사람들이 유유히 흘러들었다 마을 입구에 솟대가 세워지고 동구마을 이름도 생겼다 나무의 수령은 알 수 없지만 마을이 생기기 전부터 그곳에 있었다 한다 마을 사람들은 신성한 나무 앞에 모여 늘 햇살 좋은 날을 기원했다 간절한 마음으로 터를 다지던 이웃들, 한 생을 살아가는 일은 밑바닥을 칠 때가 많았다 친절하고 웃음이 끊이지 않던 시절 인연, 각자의 사정으로 삶의 터를 옮겨가는 사람들 망각으로부터 자유롭진 않았다 더러더러 오고 가던 발걸음이 점점 줄어들었고 초로의 어른이 마지막 그림자였다 바람도 머물 곳 찾아 떠도는 황폐한 마을, 한여름 매미소리만 요란하던 날, 작열하는 땡볕을 머리에 이고 동구마을에 들어서는 낯선 사람 그가 누군지 기억이 나지 않았다 그가 마을을 떠난 지 강산이 서너 번 변했다 그의 손에 들린 검은 비닐봉지 안에 막걸리 한 병 흔들리고 있었다

떨켜 1

  속살이 보일 정도로 맑았던 이파리 분절하는 인생의 주기는 물관을 따라 오르내린다 성장을 촉진시키는 빛을 따라 명암반응을 보이던 나뭇잎들 눈부시게 바라보던 젊은 날들이 섬세하게 짙어지고 있다 한 몸이라고 생각하던 나뭇가지 끝에 매달린 잎사귀들이 생기를 잃어가고 있다 차가운 바람에 언제 떨어질지 모르는 운명 앞에 영원할 것 같은 계절은 마지막 이별을 그린다 추적추적 비가 내리면 따뜻한 봄 햇살이 그리워진다

떨켜 2

  자리가 없어졌다 이제 한 번 살아볼까 한숨 돌릴 때 격리된 낯선 자리, 수없이 흘러간 공간 속에 떨켜층이 있는 줄 몰랐다 한여름 땡볕에도 더 빛났던 한 시절 내 생의 전부였지만 하늘 높이 솟아오른 울창한 숲의 소리 공생 관계였을까 하는 의문 속에서 가만 생각해 보니 사람들이 가을을 탈 때부터인 것 같다 나는 탈수상태로 정신이 혼미해지고 몸이 말라갔다 더는 생의 욕구만으로 버틸 수가 없다는 걸 깨달았을 때 빨간 내복을 입은 하얀 얼굴들이 함박웃음 지으며 지나갔다 다시 태어날 수 없다는 체념 같은 것, 단전에서 끌어올리는 마지막 호흡으로 나는 기꺼이 떨어졌다

나는 벌목되다 1

근속 삼십여 년
감원 바람이 불었다
입사 동기들이 무더기로 쓸려갔다

단단했던 어깨가 무너졌다
희망퇴직은 절망을 노려보았다

곧 내 차례다

아직 더 활기 있게 일할 수 있건만
흔들리는 일상의 꿈
세대를 가르는 지표가 되었다

안정된 삶의 생태계가 무너졌을 때
허망한 눈빛을 한 소년의 얼굴을 보았다

행복했던 첫 출근,

복잡한 먹이 사슬에 살아남았던 순간들

원형이 사라진 사물은 쓰임에 따라 분류되었다

나는 극심한 이상기후로 탄소중립지대에 떨어졌다

나는 벌목되다 2

수려한 나무들이 맥없이 쓰러질 때

울창한 숲 한순간 햇빛이 쏟아졌다

해발 구백 미터, 족히 오십 년은 넘었을 거목들

무참히 잘려 나갈 때 깊고 깊은 산골짜기 쩌렁쩌렁 울었다

줄지어 섰던 나무들은 잔상만 남긴 채

보이지 않는 나무가 되었다

환지통에 시달리는 나의 뿌리들

바람도 햇살도 무심했다

모두베기로 벌채한 벌목공

베어낸 나무 그루터기에 앉아 시름을 덜고 있었다

하루 반나절 황폐해진 푸른 숲

밑동 잘린 나무들 서로의 통증을 껴안았다

숲 천년을 살다

소실점을 향해
하염없이 걸었다
울음을 터트리는
발자국 가지런했다
숲은 저 멀리 떠 있건만
하늘이 점점 멀어졌다

숲과 숲 사이
나와 나 사이
뒤늦게 알았다
만날 수 없다는 것을
짙어가는 허방
눈발에 사무쳤다

수목한계선

계절을 스치는 자작나무들 올곧게 뻗었다
등고선을 따라 굽이굽이 오르는 산행
우리는 경쟁하듯 모두 하늘을 향해 치솟았다

오르고 올라 나무가 자랄 수 없는 한계선 아래
무참히 쓰러진 나무들 의식을 잃은 채 뒹굴었다

후들거리는 장딴지와 심장, 벅차오르는 감정을 끌며
우리는 몸을 가눌 수 없는 세찬 바람을 타야 했다

한계선에 가까워질수록 사스래 나무들 사지가 휘어졌다
살아남기 위해 바람을 등지거나 떠밀려가는 우리

하루에도 몇 번씩 어깨가 내려앉은 고통이었음에도
땅을 기는 낮은 식물들 최대한 몸을 눕히거나 엎드렸다

산의 최정상을 향하는 발걸음 황폐해졌다
헐벗은 능선 우리는 벗었던 옷을 다시 껴입었다

평지에서도 바닥에 코를 박고 사는 우리
나무 한 그루 없는 산, 산소통이 필요할지 몰랐다

헌신에 대한

봄철만 되면 몰려오는 모래바람
황사주의보다

창문도 외출도
마스크를 써야 한다

고질적인 편서풍
가시거리가 뿌옇다

황무지로 변하는 초원
바람막이가 필요하다

멀고 먼 거리를 마다 않고
사막에 나무를 심는 사람들

황량하고 뜨거운 바람을 맞으며

여린 나무가 뿌리를 내리기까지

상생의 숲

정성 가득한 마음으로 푸른 창을 연다

치유의 숲

지독한 감기에 걸린 심상

끊임없이 감정을 소모 당했다

구두점을 찍지 못하는 바이러스

언제부터 나는 살아있는 숙주였을까

질척거리는 우울함 마지막을 챙겼다

아무것도 없었다

마음을 잇는 숲의 향기

실선이 아닌 점선이었다

맑고 깨끗한 단상, 단순한 것들이 새로웠다

다행히 그 밖의 것들이 어둡지만은 않았다

가위손

오십 미터 앞 신호등
무성한 나뭇잎이 삼켰다

가려진 간판 위험한 전선
새 떼는 불만을 터트렸다

햇살 따라
물관 따라

양분과 수분을 채우며
광합성을 즐기던 평화가 깨졌다

도시 숲에 날아든 공익가치
생장이 멈춘 것처럼 조용해졌다

날 선 공포가 드리울 때마다

나란히 선 가로수들은 움찔거렸다

수관이 동그랗게 다듬어졌다
곱게 단장한 플라타너스 부르르 떨었다

하늘 정원

바람이 일고 있다 조용히 와닿는 눈망울의 일렁임을 알아채기까지 오래된 기억은 잠잠히 누워 있다 여전히 시간은 낮게 흐르고 푸른 경계를 넘나드는 무형의 것들이 허방에 생명의 길을 낸다 어린 시절 환상을 찾아 미로를 헤매던 창백한 얼굴들이 다가온다 마냥 부풀어 오른 숨결 다독이며 오롯한 나를 본다 저 깊은 곳에서 행복감을 느낄 때 깊은 사색은 사람의 향기를 만든다

수목원에서

설레는 눈빛은 어디서 오는지
하얀 나비 한 마리 날아든다
풍경 속으로 스며드는 날갯짓
그곳에서 난 사뿐히 내려앉는다

피톤치드 가득한 편백나무 숲
가볍게 옮겨가는 싱그러운 미소
의미로 채워진 어떤 날들처럼
그리운 것들이 모두 살아 있다

두 발을 뻗어 뿌리를 내릴 때
내가 잠들 세계가 올 것이다
무심히 지켜보던 무의미들
밀려오는 햇살에 눈이 부시다

이상한 나라의

 바짝 말랐다 바삭거리는 나뭇잎들 열이 났다 비가 내리지 않는 날이 길어질수록 건조한 공기는 자연 발화를 노렸다 어디서 시작되었는지도 모를 산불, 강한 바람을 타고 이 산 저 산으로 불티가 튀었다 벌거숭이 산과 자투리땅 한 뼘에도 나무를 심었던 사람들, 산림 녹화라는 의지 하나로 들숨 날숨이 있는 듯 없는 듯 헉헉거리며 푸르게 푸르게 숲을 감싸며 살았다 불타오르는 휴양림, 고립된 자연과 사람들이 푹푹 쓰러졌다 소중하게 키웠던 숲이 사라지는 것에 대한 소리의 벽을 애도했다

환생의 나무

 높은 산봉우리 차창을 스치는 푸른 물결 다른 영역으로 들어간다 햇볕을 향해 비틀린 그 슬픔에 움직일 수 없는 오류의 시간, 하늘 높이 솟은 나무들 해바라기할 때 키 작은 나무들 어둠 속으로 침잠한다 나 홀로 살아온 날들이 그 희미한 빛을 향해 평온을 유지하지만 하루 종일 햇살 찾아 몸을 기우는 일은 지피식물들이 거친 숨을 고르고 있는 것이다 은혜로운 운명으로 살아야 하는 뿌리 깊은 나무들 새로운 매트릭스의 생명을 부여하고 있다 시간의 경계를 넘나들며 평행선이 암시하는 것들이 꿈이란 걸 알게 될 때 더 이상 숲은 우리의 것만이 아니다 자작나무숲에서 우주의 살결이 하얗게 벗겨지고 있다

유전적 몰락

전설로 태어난 곳
맥없이 끊어진 핏줄

종족 보존에 가치를 둔
진보적 가설과 역설

진화는 오류를 낳고
교배는 변이를 낳고

인큐베이터에서 배양되는
세포들의 반란

둥지를 튼 날것의 몸짓
창조자는 또 다른 배아를 품는다

가끔은

무수히 스쳐가던 길목

늦가을 태풍에 쓸려갔다

겨우내 밑동만 남은 나무

잔가지 하나 물이 올랐다

여린 잎에 반사되는 봄빛

생의 윤기를 더 했다

견고했던 나무

부여된 숨을 놓지 않았다

투명한 속살을 비추듯

바람은 처연한 울음이었다

풀빛에 물들다

반딧불이 따라갔다

발광하는 여린 빛들이 꿈인 듯

희미하게 들리던 소리 모두 사라졌다

청정한 바람에 실려오는 호젓함

오염 없이 반짝이는 차가운 빛

손에 잡힐 듯 한꺼번에 흩날렸다

운을 맞추듯 유영하는 정령들

숲속 오솔길 따라 별빛을 수놓았다

2부

마른 꽃이 되다

곡기를 끊었다
며칠째다

생기를 잃지 않고
생기를 버리는 일

속이 비워진다는 것이 무엇인지
본능적으로 마지막 눈빛을 나눴다

손가락 빨던 구강기
얼마나 지난 것일까

아직 온기가 남아있는 나는
더 이상 행복하지 않기로 했다

해골산, 세상을 품다

바람을 타는 세상 확 뒤집어졌다
빠듯한 목숨이 겨우살이를 하는 동안
꽁꽁 얼어붙었던 삶은 무참히 짓밟혔다

세월은 무심하게 지나갔다
이제 막 숨을 돌렸다 생각했지만
해골산은 당신과 함께 살았다

지금은 울울창창한 숲이 되어
헐벗은 해골은 더 이상 보이지 않았다
당신은 환상이 아닌 트라우마에 잠겼다

왼쪽 눈구멍
오른쪽 눈구멍
당신에겐 아직도 두 개의 동굴이 있다

붉은 깃발에 마을 사람들은 해골산으로 몰려갔다

두 개의 눈구멍에 숨어들었던 가족과 이웃들이

영문 모를 죽음으로 해골산에 흩뿌려졌다

산바람이야

산바람이야

깊고 깊은 사랑을 잃은 당신

슬픔이 머물던 곳 푸른 산이 되었건만

첫새벽 당신은 해골산으로 갔다

당신 얼굴에 말라붙은 눈물자국 모른 척했다

나비의 꿈

제비나비다

햇볕 내리쬐는 한여름
숲으로 간다

나무 사이로
바람 사이로
경중거리는 채집망
하늘을 휘젓는다

표본이 된 나
좌판에 깔려있다

흐릿한 기억 속에서
파닥이던 몸부림
짓눌리던 순간

물컹한 나의 한 생

유산지에 싸여 삼각통에 갇힌다

연화된 나비의 주검들
날개를 활짝 편 채 표본이 된다

제비나비다

나비 따라
숲길 따라
냇가를 뛰어넘는 발자국
청량한 웃음소리 울려 퍼진다

천지를 여는 소년

속 빈 대나무로 만든 붉은 가마

아득한 하늘 언덕을 향한다

마지막 1442개의 한계선

그는 계단 밖에 있다

삶의 무게에 더해지는

타인의 안녕이 숫자로 정해질 때

어미의 간절함

가족의 눈망울

세상의 중심이 된다

어깨에 멘 거친 숨결

주저앉다 일어서기를 수없이 반복하지만

팽팽하게 조여 오는 빗나간 생각들

가파른 구간을 지나간다

고도를 따라 무뎌지는 감각
한기든 바람을 날리며
소박한 꿈을 키우는 소년

그는 오늘도 하염없이 오른다

궂은 날들의 상념을 떨치며
해발 2470미터의 등고선
오롯이 혼자만의 발걸음
깊어지는 햇살 눈시울 붉어진다

그림 속 나무

옹이 박힌 나무
뿌리도 열매도 없다

풋풋한 한때를 읊조리며
깊은 상처를 헤집는 바람

나뭇잎 사이로 아릿한 햇살
한쪽 눈을 감는다

숲이다
푸른 숲

지층을 흔드는 무성한 잎들
나이테에 숨은 반전을 노려본다

오후의 눈물

고요한 빛의 순응
피맺힌 꽃송이들

담담히 부유하며
터트린 울음들이

저 너머 투명한 세상
무심하게 바라봐

마음이 깊어질 때
위로가 된 그림자

아무도 모르게
꽃차례를 기다려

대나무 숲이 사라졌다

하루에 몇 마디 해

난 얘기할 사람이 없어

낮고 처연한 혼잣말

스산한 바람도

밀려드는 외로움도

그리움마저 남겨두지 않았다

수목장을 지나 집으로 가는 길

촉촉해진 걸음걸음이 아련했다

생명의 랩소디

눈발이 휘날리는 설원 고립된 섬

신령한 방울소리 허방을 가를 때 적막 속으로 스며드는 순록 뒤돌아본다 자작나무에 깃든 순혈 황금가지 흔들며 엄숙한 참회록에 충혈된 실눈 감는다

수평선 사라지는 갯벌은 순환의 섬

마지막 펄밭에 숨은 숨구멍 움찔할 때 대를 이어 지켜온 갯골, 실핏줄 꿈틀댄다 기울어지는 까치놀 사방이 아득할 때 광활하게 펼쳐지는 바다 소리죽여 흐느낀다

바람결 쌓여가는 사막은 죽음의 섬

카라반 발자국 끝없는 시작을 알릴 때 온혈로 화석에 박힌 시조새 멀리 날린다 죽지 않는 채 죽어있는 지느러미 펼칠 때 재생한 회고록에 굳게 닫힌 빗장 푼다

대프리카에 산다

폭염이다
나무를 심자
바람을 심자

산으로 둘러싸인 도시
며칠째 섭씨 삼십칠 도를 넘나든다
한낮에 뜨거워진 지표면
복사열을 머금은 습한 밤
사람들은 격하게 쓰러진다

촘촘히 박힌 가로수
열기를 식히는 플라타너스

순환이다
친환경 숲을 심자
쾌적한 도시를 심자

다른 쪽에 있는 그림자 숲

암전이다

신경다발이 미세하게 떨고 있다

몸을 어디로 가둬야 할지

빛의 경계에 머무는 잔상

바람에 흔들리는 나뭇잎 사이로

수줍은 소녀처럼 간간이 보일 뿐

맥락이 닿지 않는 높이로 선 나무들

저편에 있는 숲은 늘 똑같은 일상이다

텅 빈 동공 속에 확장되는 익숙함

한낮임에도 숲은 밤인 듯 적막하다

모순이다

빛이 없는 날들이 가볍게 지나간다

나에게도 날개가 있었다

이곳에 온 지 반년이 넘었다
그녀는 나의 존재를 모르거나 아예 잊었다

피를 맑게 해준다는 소문에 팔려온 나는
깊은 어둠속에 갇혔다

여기에 올 때만 해도 매우 추웠지만
점점 고온다습한 계절이 되었다

꼼짝할 수 없는 적막 속에서도
나의 영혼은 바깥세상이 궁금했다

서서히 자란 근육은 근질근질했다
검정비닐을 뚫고 기어 나온 나는

본능적으로 날았다

거실 유리벽에 튕겼다

팥알처럼 보이게
동그랗게 몸을 말았다

내가 어디서 왔는지 혼란스러웠던 그녀
나의 근원을 찾았다

허공 한 번 날아보지 못한 채
냉동고로 직행한 나는 얼어 죽었다

나의 동족과 함께
잠재의식이 깨어날 순간에

훗날이 오다

어시장에서 어슬렁거리는 발걸음
플라스틱 생선 상자가 몰려온다

소나무로 만든 어상자를
산처럼 쌓아 배달하던 당신
어판장 리어카와 같이 졸고 있다

위생과 친환경, 재활용 편리함
나열하는 품질관리

낡고 틀어진 나무상자 못질하던
망치소리가 과거형이 되고 있다

고급어종은 목상자를 쓴다는 위로
수십 년 세월 동안 몸에 밴 비린내
쉽게 가시진 않는다

여전히 활기찬 공동어시장 경매 소리
저절로 힘이 솟던 시절이 그리워진다

가끔 나무상자를 찾는 이가 있어 반갑지만
갈고리로 찍어 내리던 자연이 준 생선 상자
출어 준비하던 어선 월명기를 맞은 듯하다

스모그

밤낮없이 쏟아낸 신음

되새김질 당하는 대기

회색빛 하늘 모로 누울 때

명명한 이름들이 사라진다

의미를 알 수 없는 맥락 속에서

역전을 노리는 뜨거운 눈물

울울창창한 숲의 속삭임

오래 머물 수 있는 틈을 노린다

숨결 다독이는 우울한 아침

가위에 눌린 불모의 시간

한 번 더 참아보지만

투사되는 욕망 호흡곤란이다

배후를 알 수 없는 연민 속에서

불투명한 세상 씻겨줄 소낙비

오존주의보 내리는 파열음

공제선, 푸른 하늘을 수배한다

리셋증후군

냉장고 앞에 섰다

표류다

고장 난 로봇 팔이 냉동고를 열었다

속을 알 수 없는 검은 덩어리들이 엉켜있었다

말랑한 마음을 담은 인연들이 꽁꽁 얼었다

참회의 시간으로 하루에 하나씩 녹이기로 했다

하지만 한꺼번에 울음을 토해 낼 때 난 감당할 수 없었다

초파리가 날아왔다

이 조그만 생명은 어디서 왔을까

봄이 오는 줄 알았다

순수한 근원이 풀릴 때까지 가슴을 열어두기로 했다

태양의 꽃

흩어진 햇살 찾아

맴도는 알갱이들

터질 듯 몸을 터는

고고한 해바라기

묵묵히

서서 죽는 것

관꽃에 맺힌 씨앗

뜨거운 침묵

알알이 깊어져

숨겨진 그늘 찾아

구부러진 꽃대

선명한 트라우마

날 닮은 해그림자

담담히

부유하는 것

만개한 꽃무리

숭고한 소명

간간이 눈부셔

엄마는 몰라

노란색을 좋아하잖아

이제는 검정색을 좋아한다고

앙상한 나는

햇볕을 쬘 수 없어

크고 우람한 옆에 아이는 햇살을 독차지해

하늘 높이 솟아오르지만

나는 빛이 없는 그늘 아래서

한 조각 빛이라도 오기를 소망하지

하늘을 올려보다 보면

나무들은 서로의 가지에 간섭하지 않아

그럼에도 나는 더 이상 클 수 없어

나의 모든 것을 빼앗긴 것 같아

이끼 낀 바위들이 촉촉해질 때 나도 촉촉해져

제비꽃의 역설

간간이 들려오는 비명

포식자가 나타날 시간이다

실패한 성공

추앙하는 방울뱀

다시 볼 수 없는 풍경으로 춤을 춘다

부서질 듯 아픈 기억

서식지를 벗어나면 위험하다

간절한 침묵

허를 찌른 사유

그 어디쯤에서 몰려오는 결핍 출렁인다

생존 물들이는 또 다른 세상에서

3부

겨울의 봄

이별할 시간

낮달이 떠있다

지난해 두고 온 칼바람 속에

얼음을 품고 견뎌야 하는 절대고독

숨을 멈춘 본능 깊게 자리할 때

붉은 가막살나무 하얀 서리꽃이 핀다

어두운 본성의 결정체

비수 같은 다층 생명의 불 밝힌다

모든 날들이 그러했다

　지독하게 처절했던 젊은 날 귓가에 스치는 숨결 붉게 물들었다 눈부신 환영 속에 순수한 행복감에 취한 목소리 들릴 뿐, 어슴푸레 피어나는 환각 바람의 뼈는 마구 찔러댔다 무심한 하늘을 향해 웃어보지만 공허한 눈빛 흔들릴 뿐, 깊은 숨 고르다 눈물이 났다 가을 햇살이 밀려오는 동안 하염없이 표류하는 혼잣말처럼 덤덤한 시간이 왔다 허명마저 부를 수 없는 스산한 거리에 부치는 마지막 노래 진정한 망각은 없다 통속을 가로지르는 아주 작은 몸짓에 놀란 고양이 마냥 몸을 떨었다 웅크린 그림자처럼 너를 잃어버린 날이었듯이

사유의 변

　속내를 들키지 않기로 했다 서로 다른 생각에 수많은 낱눈들이 쏠리는 공간 속에서 냉소적인 시선을 마주칠 때마다 나는 그들의 눈을 피했다 소외되는 고립감에 두려웠던 순간마다 나의 선택과 믿음으로 소신 있게 버텨야 한다고 깊은 고민을 했지만 나선형으로 솟구치는 돌개바람에 나는 목소리를 낼 수 없었다 때늦은 후회를 날려버리는 동안 어느새 나는 그들의 천적이 되어버렸다 잠시 숨 고르기 하듯 눈을 감았다 태풍의 눈 속에서 고요함을 느꼈다 더 이상 나는 수줍게 숨어있지 않기로 했다 침묵은 침묵일 뿐이었다

하늘로 가는 배

어긋남의 의미를 모르는 채

열린 결말 기다리는 그림자

폐쇄회로에 박힌 타인의 고통

뜨거운 피 찬양하는 독백

신경증에 걸린 몸짓들

벗어날 수 없는 무의식

슬픔도

기쁨도

봄날의 아지랑이

카르마에 깃든 환영

잔고 증명

침묵, 그 이상의 것들이
방향 없이 흩어지는 동안
보다 나은 삶을 위해
여지를 둔 평범한 일상

오랫동안 잊어버린
온전한 저 세상
목젖을 건드리는
가벼운 울음소리

모호한 경계에 선
참을 수 없는 통증
이별마저 놓친 욕망
의미로 채워지는 질문

마치, 제 것인 양 하는 것들이

날개를 펼칠 때

덧없는 추락을 위해

꼿꼿이 신 채 바람을 맞는다

행복한 유령

한바탕 휩쓸고 간
폭풍의 잔해 속에
붉혀진 눈망울들
오랫동안 흔들렸다

헝클어진 경계 너머
행복한 꿈을 꾸던
반짝이는 웃음소리
불꽃처럼 타올랐다

회한의 눈물 흘리며
위안을 주던 낯선 나
복선을 깨달았을 때
편안함에 다다랐다

나의 계절이 가고 있다

시간이 흐르지 않는
자작나무숲

그곳에 있는 듯 없는 듯
삭제된 사람들

모든 감각이 사라지고
거룩한 상념만이 스며든다

허물을 벗듯 제 몸을 벗는
겨울 숲

경계를 넘어 깊어지는
세상 조용하다

그날 빛났을까

오래된 나무 그늘 아래

빛바랜 행간을 밀어냈다

몇 해를 숨죽였을까

좀처럼 오지 않는 생의 기쁜 날

온전한 몸을 받든

단 하루만의 비행

반짝이는 바람살

천년을 살다간 의미를 날려버렸다

그때쯤이면

빗나간 화살처럼 허방에 좌표 찍는
수많은 시행착오 휘어진 등뼈처럼

더 이상 잃을 게 없는
뿌리 깊은 사유들

무수한 마디마디 새살이 차오르고
불멸에 입 맞추며 지켜준 생명처럼

더 깊이 신의 숨결이
어슴푸레 들릴 때

그리고 꽃

마지막 숨결처럼 꽃잎이 흩날리고

서로가 서로에게 건네준 깊은 고독

충만한 눈빛만으로 마주 설 수 없다

꽃이 피고 꽃이 지는

계절의 행간

움트는 갈망 속에 의미를 놓친

말의 뿌리

내 안에서 풀지 못한 채 다시 꽃이 필 때까지

생명 안에서

다한증 걸린 날씨
식은땀 줄줄 흐른다

축 늘어진 기력
수액이 필요하다

목마른 나뭇잎
들뜬 나무뿌리

가로수에 꽂힌 링거
광합성은 열려있다

매 순간 변하는 생의 본능
자연과 공존하는 이유다

살다가

수채화 같은 봄
그는 날아보고 싶었다
날개 없이
좀 더 하늘 가까이 오르던 그는
아찔한 숨을 골랐다

수묵화 같은 겨울
그녀는 보이지 않았다
오랫동안
머리에 흰 꽃을 꽂은 그녀는
물기 번진 거리를 헤맸다

밀랍인형이 된 소녀와 소년
두 손을 꼭 잡은 채
한 점에서 만나는 볼록렌즈
거꾸로 맺혀 있는 유토피아였다

시조새

뼈와 살 발라내고 오롯이 날아올라

쥐라기 화석들이 진화하는 야생의 꿈

달빛의 뜨거운 입김 머지않은 그곳에

날갯짓하는 바람결에 발자국 찍혀

만족한 코뿔소

 어둡고 좁은 방 한줄기 빛이 서린다 내면에 바깥이 없다고 믿고 있는 거미와 불평만 늘어놓는 불만 존자가 살고 있다 사람들은 그들을 향해 영혼의 단짝이라고 말하지만 거미는 그렇게 보일 뿐이라고 중얼거린다 쉴 새 없이 사방으로 그물을 치며 하강을 도모하는 거미줄 반짝일 때 은밀한 세상을 향해 끊임없이 매달려있는 존자는 바람의 냄새를 맡는다 측량할 수 없는 깊이로 떨어지는 꿈 깨져버린 바깥이다 지금 이대로 운명으로 얽혀있는 오후 한나절 한때는 사람이었을 거미와 존자 재빨리 기억의 장을 넘긴다

결의 시간

숨겨진 배아처럼 파리한 얼굴들이
선 채로 쓰러지는 차가운 육체의 꿈
어두움 한가운데서 휘날리는 만년설

부서진 유령처럼 영롱한 눈빛들이
발치에 떨어지는 쓰디쓴 침묵의 꽃
순례자 한 발 한 발에 스며드는 종소리

동화 같은 그런 날

그 골목 지름길이다

페인트 벗겨진 파란 대문이 있는 집

날 선 철망을 타고 빨간 넝쿨장미가 무성했다

그 골목 들어설 때마다

괜찮을 거라고 최면을 걸었다

얼굴 큰 거인이 살고 있다는 그 집

한 번도 열린 적 없던 철문이 열려있었다

호기심과 마주친 눈동자

움푹 파인 커다란 눈이 슬펐다

그의 눈에 비쳐진 나의 공포심

그는 의아하게 바라보고 있었다

비명을 삼킨 그 골목길 깊은 숨을 토해냈다

4부

갯벌 물들다

방언을 터트리는

숨구멍 가로질러

어미의 울음발이

잦아드는 한 점에서

실핏줄 휘감아 돌 때

붉은 노을 토하는 갯골

경계 없는 날것들의 절규

가슴 언저리를 헤집는다

생명을 잇는 변주곡

무희 닮은 제비꽃

오므린 꼬투리 터진다

햇살 받은 작은 씨앗 한껏 튕겨 올라

어디로 날아갔을까

현실과 이상향 사이

그 어디쯤에 떨어진 비명

공생하는 개미들 달콤한 꿈을 꾼다

봄날 낮은 곳에 피어난

보랏빛 꽃무리

꽃대는 바람을 가르며

춤을 춘다

가을의 속삭임

은행나무 가로수 길

도시를 노랗게 물들인다

자동차가 지날 때마다

돌개바람을 타는 은행잎

방향 없이 구르고 구른다

좌회전을 기다리는 신호대기선

모퉁이를 돌자 노란 옷의 미화원

마지막 연가를 애써 쓸고있다

옷깃을 여미며

이제 막 추억을 넘기려 할 때

생은 그렇게 여운을 남기며 떠나는 것일지

손톱 깎는 날 1

어미는 늦은 밤 손톱을 깎아주며
하얗게 잘려 나간 패각에 오열했다

심해 속 맑은 종소리
닿지 못한 물갈퀴

어미의 얼굴에 핀 파문을 닦아 주며
부단히 살아남은 햇살이 눈부셨다

낮에 뜬 이지러진 달
건지려는 자맥질

손톱 깎는 날 2

쪽빛 바다 허방에 떠있다

해면을 찢는 숨비소리

뜨거운 슬픔이 배어있다

수심 20미터에서 차오르던 물방울

나는 어미의 들숨을 알아챘다

탯줄을 감은 채 떠있는 테왁 망사리

미동조차 없는 하늘이 안부를 묻는다

이어도 죽음 앞에 살아있다

세상과 멀어져 있는 동안

소라 전복으로 탑을 쌓는다

신앙이 된 어미의 바다

등 굽은 등대는 멀리서 출렁인다

가라앉은 초승달 가지런히 모을 때

나는 어미의 주름진 얼굴을 햇볕에 말린다

프랙탈의

태양을 향해 해바라기하는 꽃
찬란하던 노란 꽃잎 시들어간다
검은 씨앗들 알알이 차오르지만
자기유사성을 잃지 않는다

황금비율로 배열되는 해바라기 씨앗
점점 작아지거나 커지는 생존 법칙
규칙적으로 반복되는
자연의 무늬 가지런하다

우주를 향해 열과 행을 맞춰
안과 밖으로 도는 대칭의 비밀
하나의 의미에서 회오리바람으로
우주의 은하수 파도처럼 밀려온다

비상

바람은 가만가만 얼굴을 간질이고
떠돌던 기억처럼 어쩌다 혼자 남아
지난날 추억을 위해 풍경소리 울리네

슬픔은 오롯이 가슴에 돋아나고
서럽게 춤을 추는 고래의 지느러미
그 옛날 야생을 위해 움찔하는 비행선

같거나 다른

풍문에 걸려든 우주선

귀를 쫑긋 세운 안테나

안 본 척

못 본 척

질척거리는 곁눈질 세상

벗어날 수 없는 공전궤도

무언의 진리 속에서

높고 낮은 의식의 감각

자유의지를 탑재한 채

우주 미아로 떠도는 행성

공공선을 향한 텔레파시

지향 없이 증폭되는 간극

서로를 향해 폭주하는

광기는 어디서 오는가

완벽한 타인

내 안에 있는 나를 받아들일 때
심연 속 그림자 일렁인다

쉼 없이 투사되는 빛과 어둠
회피할 수 없는 역설에 숭고해지고

무의식에 분화된 자아
곧 사라질 것 같은 환영에 울고 있다

서쪽 하늘이 존재를 물들일 때
노을 속 아바타 부활한다

뻘배를 밀다

빠져든 찰진 세상 한 발에 실린 관성

박차게 끌어올려 갯벌을 밀고 간 배

제 몸을 일으켜 세운 찬바람

또다시 일어서

진창에 무릎 꿇고 앞으로 전진하는

한 발은 뼛속까지 벅차오르는 아우성

참 꼬막 소쿠리 가득 차오르는

또 한 발 빠져들어

푸른 숨결

아름드리나무 두 팔로 감쌌다
한 아름의 경계를 벗어났다
곧은 뿌리와 수려한 수관
도도한 바람이 불어왔다

한 방울의 눈물
한 방울의 피돌기
어둠 속에서 물길을 찾을 때
한낮의 햇살은 거칠게 갈라졌다

움푹 파인 나무줄기 속으로 들어갔다
아늑했다
재생 불멸의 나무 천년을 살았다
옹이 박힌 세월 아리고 아렸다

가문비나무 비탈에 서다

수목한계선을 넘어

생명에 이르는 길

잦은 숨고르기와

낮아지는 발걸음

몸을 작게 말아도

엄습하는 다른 사유

회색빛 비늘을 세우는 숲

사방을 둘러봐도 아득하다

서늘한 북쪽 하늘로

높이 치솟은 푸른 나무

잔설이 남아있는 경사지

시선이 머문 자리 결이 곱다

춤추는 나무

　고요한 풍경 속에 뒤틀린 나무들 장엄한 삶의 무게를 본다 거침없는 회오리바람 앞에 죽을힘을 다해 버텨보지만 반전은 없다 제 몸의 일부가 부서지는 극심한 공포는 자기연민에 빠져들고 하늘을 향해 순응하는 작은 눈망울 햇살 언저리에서 숨을 쉰다 헤아릴 수 없는 존재의 침묵으로 분리되는 우주의 파동을 느낄 때 익숙해진 허무를 털어내듯 새로운 생명으로 돌아온다 진정 견디기 힘든 날은 장단고조에 맞춰 바람맞이 한다 운명을 향해 쉼 없이 흐르는 율려 오래된 기억처럼 혼불의 춤사위는 그 시간에 머물러 있다

바람의 조우

옆구리 찔러대던 밤바다

수평선 죽은 듯 누워있다

진종일 붉어진 여백

차오르는 눈물샘

저 멀리 떠있는 등대섬

꿈같은 은빛 물결 스며든다

환영이 지나갈 때

출몰하는 귀신고래

아련하게 맴도는 사이렌

전부이거나 일부이거나

해안선 따라 구불구불

거세된 낡은 관습 스멀거린다

해설

상생을 위한 겹눈의 시적 역학

유종인 (시인)

1. 생존의 흐름과 시의 비유론譬喩論

 지구상에는 다양한 생명들이 알게 모르게 존재한다. 이 헤아릴 수 없이 다양한 생명군生命群들은 저마다 다른 생존의 방식method과 조건, 환경에 대한 생물학적인 이해에 기초한 번식과 포식 활동을 하고 있다. 이것은 비단 동물적 상황만이 아니라 식물에 있어서도 동일한 생존적 패러다임을 구현하고 있다. 물론 사람이라고 해서 예외는 아니다. 다양한 공동체community 소속을 통해 기본적인 생존의 경비를 조달하고 또 고등생물로서의 문화적 소통과 레저, 물질적인 소비 등의 다양한 활동을 영위한다. 협의狹義에 있어서의 절대적인 생존방식은 광의廣義의 생활을 뒷받침하는 존재의 구체적인 조건임이 자명하다. 그런데 모든 숨탄것들은 이런 존재 조건의 순행順行만을 거듭하는 것이 아니라 여러 우여곡절과 생물학적인 변이變移와 장애를 겪게 된다. 그것은 인위적인 것일 수도 있고 자연적인 생멸의 흐름에 따른 것일 수도 있다.

윤유점 시인은 인간을 비롯하여 모든 숨길을 가진 것들이 갖는 변화의 흐름에 주목하고 그것들이 겪는 난관hurdles의 의미와 특이성에 주목하는 남다른 눈썰미를 지녔다. 그것은 생물학적biological인 관점인 동시에 시를 통해 분광分光될 수 있는 인생의 비유analogy로 읽히기에 충분한 자연의 독본讀本이기도 한 것이다.

> 속살이 보일 정도로 맑았던 이파리 분절하는 인생의 주기는 물관을 따라 오르내린다 성장을 촉진시키는 빛을 따라 명암반응을 보이던 나뭇잎들 눈부시게 바라보던 젊은 날들이 섬세하게 짙어지고 있다 한 몸이라고 생각하던 나뭇가지 끝에 매달린 잎사귀들이 생기를 잃어가고 있다 차가운 바람에 언제 떨어질지 모르는 운명 앞에 영원할 것 같은 계절은 마지막 이별을 그린다 추적추적 비가 내리면 따뜻한 봄 햇살이 그리워진다
> ―「떨켜 1」 전문

생명은 동식물을 막론하고 생물학적인 변이의 과정을 가진다. 이 변이는, 생장과 성장을 포함하여 노화와 소멸에 이르기까지 모든 숨탄것들이 지니는 불가피한 루틴이라고 할 수 있다. 화자가 주목한 이 생명현상의 대상은 나무의 "떨

켜"라는 부분이다. 떨켜의 사전적 의미는 '낙엽이 질 무렵 잎자루와 가지가 붙은 곳에 생기는 특수한 세포층'이라고 정의하고 있다. 떨켜는 한마디로 나무와 연결된 잎자루와의 접합부이자 분리의 지점을 의미한다. 한창 생장이 왕성할 때는 "물관을 따라 오르내린" 수분과 영양분이 "명암반응을 보이던 나뭇잎을 눈부시게 바라보던 젊은 날들"이 상호 연결돼 있음을 증명한다. 하지만 이런 눈부신 초록의 향연은 "매달린 잎사귀들이 생기를 잃어가"듯 정점을 찍고 내려올 기미를 보인다.

모두는 "모르는 운명 앞에 영원할 것 같은 계절은 마지막 이별"을 준비하는데, 떨켜는 자절自絶하듯 나무가 "잎사귀들"과 이별하는 첨단이자 말단의 지점을 암시한다. "분절하는 인생의 주기"라는 자연의 흐름에 따라 나무에 형성된 이별의 장소이기도 한 것이다. 동시에 만남을 기약하는 회귀와 재생의 지점point이기도 하다.

나무라는 줄기와 가지와 잎새와 꽃과 열매가 하나의 공동체를 이루던 시절을 지나 본체를 보존하고 내부의 힘을 결속하는 차원에서의 지엽枝葉과의 결별은 어쩌면 자연의 순리submission to reason의 실증적 현상의 차원일 수 있다. 이것은 비단 나무의 겨울준비에만 한정된 것이 아니라 시인의 삶을 바라보는 인생론적 비유metaphor에도 부합하는 국면이라 할 수 있다.

>근속 삼십여 년
>감원 바람이 불었다
>입사 동기들이 무더기로 쓸려갔다
>
>단단했던 어깨가 무너졌다
>희망퇴직은 절망을 노려보았다
>
>곧 내 차례다
>
>아직 더 활기 있게 일할 수 있건만
>흔들리는 일상의 꿈
>세대를 가르는 지표가 되었다
>
>안정된 삶의 생태계가 무너졌을 때
>허망한 눈빛을 한 소년의 얼굴을 보았다
>
>행복했던 첫 출근,
>복잡한 먹이 사슬에 살아남았던 순간들
>
>원형이 사라진 사물은 쓰임에 따라 분류되었다
>나는 극심한 이상기후로 탄소중립지대에 떨어졌다
>―「나는 벌목되다 1」 전문

자연현상, 특히 수목樹木과 관련된 사회생활에서의 사회적 구성원의 변화된 위상은 곧잘 자연에서 행해지는 인간행위의 남벌로 비견되곤 한다. "감원 바람"이라는 "안정된 삶의 생태계가 무너졌을 때"를 나무를 자르는 벌목伐木행위로 비유되는 이 상황은, 자연과 인간 공동체에서 벌어지는 상황이 별반 차이가 없음을 예시한다. 그런 의미에서 "허망한 눈빛"은 존재의 주변을 형성하는 생태계의 중요성을 새삼 환기시키기에 족하다.

화자는 "희망퇴직은 절망을 노려보았"을 정도로 타의에 의해 일정한 사회로부터 퇴출되는 경우는 "행복했던 첫 출근"의 감정을 새삼 종요롭게 되새기게 한다. 즉 숲의 나무이든 직장의 직원이든 그 조직과 공간으로부터 참여 participation를 제한당하거나 아예 퇴출되는 것은 생명에 대한 존재의 의미와 존재감 그 자체를 훼손하는 현실로 "극심한 이상기후"라는 비유적 상태를 상정하기에 이른다. 이러한 화자의 자기 고발은 곧 수목 벌채가 갖는 숲의 가치 훼손과 경제논리에 입각한 직장사회의 감원이 갖는 생명 의지 will의 좌절을 동급의 수준에서 고찰하는 측면이 있다.

봄철만 되면 몰려오는 모래바람
황사주의보다

창문도 외출도
마스크를 써야 한다

고질적인 편서풍
가시거리가 뿌옇다

황무지로 변하는 초원
바람막이가 필요하다

멀고 먼 거리를 마다 않고
사막에 나무를 심는 사람들

황량하고 뜨거운 바람을 맞으며
여린 나무가 뿌리를 내리기까지

상생의 숲
정성 가득한 마음으로 푸른 창을 연다
―「헌신에 대한」 전문

이상기후를 초래하는 생태계의 파괴와 그 교란으로 인한 후유증은 "창문도 외출도/ 마스크를 써야" 할 정도로 "고질적인" 상황을 야기한다. 생활 이전에 생존의 조건을 고민하고 그 해결책means of settling을 심각하게 강구해야 할 만큼의 "황무지로 변하는 초원"은 그 자체로 외부의 척박한 환경이기도 하지만 인간의 행위가 갖는 내면의 상태를 상징적으로 보여준다.

시인은 간구한다. "멀고 먼 거리를 마다 않고/ 사막에 나무를 심는 사람들"을 말이다. 그들은 외부의 생명 공동체적인 노력의 주체이기도 하지만 시인의 내부에서 일어나는 생태적인ecological 자아, 그 페르소나persona이기도 한 것이다.

이 페르소나는 시인의 진심을 받아들여 "황량하고 뜨거운 바람을 맞으며/ 여린 나무가 뿌리를 내리"게 하는 적극적인 추동력을 가진 대자연을 위한 헌신獻身의 주체로 재탄생한 존재들이다. 비록 척박한 현실은 여전하고 쉽게 개선될 여지가 요원할 수도 있지만 그것은 물리적인 환경이나 여건이기에 늘 유동적인 현실이다. 그리하여 시인이 제목에서와 같이 이 모든 황량함을 불식시키는 근원적인 요의要義는 다름 아닌 "헌신"이라는 말 속에 함축돼 있다. 자신의 몸과 맘을 선선히 내어줌으로써 또 다른 신생의 몸을 얻을 수도 있다는 것.

헌신commitment의 가치는 이처럼 사람과 자연이 별개의 가치를 지니는 것이 아니라 서로 공유할 수 있는 지점과 상보적相補的인 관계를 통해 "마음으로 푸른 창을" 가질 수 있는 여지餘地를 탄생시키는 일에 다름 아니다.

> 설레는 눈빛은 어디서 오는지
> 하얀 나비 한 마리 날아든다
> 풍경 속으로 스며드는 날갯짓
> 그곳에서 난 사뿐히 내려앉는다
>
> 피톤치드 가득한 편백나무 숲
> 가볍게 옮겨가는 싱그러운 미소
> 의미로 채워진 어떤 날들처럼
> 그리운 것들이 모두 살아 있다
>
> 두 발을 뻗어 뿌리를 내릴 때
> 내가 잠들 세계가 올 것이다
> 무심히 지켜보던 무의미들
> 밀려오는 햇살에 눈이 부시다
>
> ―「수목원에서」 전문

 화자가 맞이하는 "수목원"이라는 특정 풍재風裁는 관광이나 관람의 차원에 한정된 것이 아니다. 심리적인 정황을 일으키는 "하얀 나비 한 마리 날아"드는 기척으로 "설레는 눈빛"은 소박하니 창출되는 것인지도 모르고, "피톤치드 가득한 편백" 숲으로 인해서 "싱그러운 미소"가 생동lively motion

함으로 인해서 "그리운 것들이 모두 살아"나는 계제를 마련하게 된다.

  수목樹木으로 상징되는 순수 자연계自然界에 가까이 너나들이 교류함으로 인해서 "무심히 지켜보던 무의미들"이 단순히 허무의 심연에 부정적으로 매몰되지만은 않는다. 오히려 "무의미들"은 앞서 "의미로 채워진 어떤 날들처럼" 또 다른 계기를 마련하는 심리적 수목지대樹木地帶를 형성할 수 있는 가능태可能態를 함유한다. 이는 수목의 자연, 그 대기大氣가 선사하는 "밀려오는 햇살에 눈이 부시"는 것처럼 사람과 자연이 감각의 구체성concreteness에 의거해 즐거운 변용變容의 관계임을 예시하기도 한다.

    어시장에서 어슬렁거리는 발걸음
    플라스틱 생선 상자가 몰려온다

    소나무로 만든 어상자를
    산처럼 쌓아 배달하던 당신
    어판장 리어카와 같이 졸고 있다

    위생과 친환경, 재활용 편리함
    나열하는 품질관리

낡고 틀어진 나무상자 못질하던
망치소리가 과거형이 되고 있다

고급어종은 목상자를 쓴다는 위로
수십 년 세월 동안 몸에 밴 비린내
쉽게 가시진 않는다

여전히 활기찬 공동어시장 경매 소리
저절로 힘이 솟던 시절이 그리워진다

가끔 나무상자를 찾는 이가 있어 반갑지만
갈고리로 찍어 내리던 자연이 준 생선 상자
출어 준비하던 어선 월명기를 맞은 듯하다
―「훗날이 오다」 전문

    나름의 공존이 이어져온 자연물自然物은 "소나무로 만든 어상자"라는 가공물processed article의 형태로 우리들 삶의 현장에 유익한 도모와 도구道具로서 활용되기도 한다. 하지만 이 "어상자魚箱子"도 "플라스틱 생선 상자"에 밀려 "어판장 리어커와 같이 졸고 있"는 "당신"처럼 한가해진 처지에 놓여 있다. 편리하고 가볍고 저렴한 대체품에 밀린 나무 어상자의 처지를 "수십 년 세월 동안 몸에 밴 비린내"로 그 퇴락한 정황을 반추할 수 있다.

그런데 여기서 우리가 간과할 수 없는 것은 "활기찬 공동 어시장 경매 소리"와 "저절로 힘이 솟던 시절"의 그리움을 상기할 때 "산처럼 쌓아 배달하던 당신"의 소나무 "어상자"는 단순한 소품short composition에 그치지만은 않는다는 사실이다. 그것은 넓게 보면 자연이 내어준 기능과 물성物性으로 인해서 그 실물적 가치가 여전히 잔존殘存한다는 사실의 중요성을 거를 수는 없다. 실용적 가치와 소위 가성비의 우위에도 불구하고 "나무상자"에의 그리움은 본원적인 자연 혹은 자연물natural object의 가치는, 시대의 소비 패턴의 변화에도 그 "자연이 준 생선 상자"의 냅뜰성은 폄훼하거나 쉽게 소거할 수 없는 '오래된 준비'의 산물로 여여하다. 이는 곧 인간 사회로 편입된 자연의 산물이 가지는 여러 형태의 유통 경로와 그 뉘앙스가 궁극적으로는 우리네 삶의 경우境遇와 유사하거나 비근한 상황으로 예시例示될 수 있다는 점에서 나름의 친근성을 가지기도 한다.

2. 상생의 조건과 생명을 향한 끝없는 물음

생명이 살아가는 일반적인 조건은 스스로의 자립 의지도 중요하지만 외부적인 해코지, 즉 외침外侵의 극성이 지대하지 않고 그 생명 불안anxiety의 요소가 완화된 지점이라 할 수 있다. 여기엔 환경적인 측면이 생물학적인 존재의 근거를 확보하고 현실적인 활동을 유지하는 가장 기본적인 첫 번째 요인으로 꼽을 수 있다. 즉 물리적인 외부 환경이 숨탄것들 자체의 내외적인 활성活性을 뒷받침하는 토대 groundwork임을 윤유점 시인은 누구보다도 잘 인식하고 있다고 보여진다.

    눈발이 휘날리는 설원 고립된 섬
    신령한 방울소리 허방을 가를 때 적막 속으로 스며드는 순록 뒤돌아본다 자작나무에 깃든 순혈 황금가지 흔들며 엄숙한 참회록에 충혈된 실눈 감는다

    수평선 사라지는 갯벌은 순환의 섬
    마지막 펄밭에 숨은 숨구멍 움찔할 때 대를 이어 지켜온 갯골, 실핏줄 꿈틀댄다 기울어지는 까치놀 사방이 아득할 때 광활하게 펼쳐지는 바다 소리죽여 흐느낀다

    바람결 쌓여가는 사막은 죽음의 섬
    카라반 발자국 끝없는 시작을 알릴 때 온혈로 화석에 박힌 시조새 멀리 날린다 죽지 않는 채 죽어있는 지느러미 펼칠 때 재생한 회고록에 굳게 닫힌 빗장 푼다
    —「생명의 랩소디」전문

생명의 고유한 전부는 어쩌면 그 숨탄것이 처한 생명의 다양한 개성과 수단을 발휘할 수 있는 겨를이라고 할 수 있다. 사람을 비롯하여 갖은 생명들이 처한 현장성level of field은 편협된 생명 경시의 관념을 불식시키고 그 생존survival 자체의 오래된 현재의 실행적인 의미의 집행이자 그 지속성sustainability을 담보하는 행위이다.

이는 마치 "설원 고립된 섬/ 신령한 방울소리 허방을 가를 때 적막 속으로 스며드는 순록 뒤돌아본다"는 독특하고 서정적인 풍경의 포착 속에서 숨탄것의 고유한 서슬과 숙명을 예감하게 한다. 자연의 신비스러움과 생명의 기운이 연출하는 특별한 계기는 그 자체로 생명이 가지는 본질적인 미학美學의 출발과 근원 그리고 그 파장, 즉 아우라aura를 예감하게 한다. 또 비록 "바람결 쌓여가는 사막은 죽음의 섬"이라고 불모지대의 극한 현실을 드러내기도 하지만 그런 상황 속에서도 "카라반 발자국 끝없는 시작을 알릴 때 온혈로 화석에 박힌 시조새 멀리 날"리는 생기 있는 상상력을 틔울 줄 아는 것이야말로 "재생"의 가치를 실행하는 시적 언어의 기준점이 아닐까 싶다.

이토록 윤유점은 생명이 가진 그 환희와 고통이 지닌 열정적인 분투奮鬪에 대한 애착과 관심을 거둘 수 없다는 지점에서 이는 마치 후기 생명파生命派 시인 같은 역할을 돋우어

낸다고 볼 수 있다.

    간간이 들려오는 비명
    포식자가 나타날 시간이다

    실패한 성공
    추앙하는 방울뱀
    다시 볼 수 없는 풍경으로 춤을 춘다

    부서질 듯 아픈 기억
    서식지를 벗어나면 위험하다

    간절한 침묵
    허를 찌른 사유
    그 어디쯤에서 몰려오는 결핍 출렁인다

    생존 물들이는 또 다른 세상에서
    ―「제비꽃의 역설」 전문

  그러나 뭇 존재의 현실은 늘 존재의 위기와 함몰을 동시에 지니고 있다. 보장된 안전이나 굳건한 생존의 담보를 철옹성처럼 지닌다는 것은 사실상 불가능에 가깝다. "비명"은 늘 예보 없이 들려오고 "포식자가 나타날 시간"은 역시 예정을 가지고 있지 않은 우려 속에 상존한다. 생명 그 자체의 현실은 어쩌면 "실패한 성공"일 수도 있다. "다시는 볼 수 없는 풍경"을 연출하며 지구상 모든 존재는 "춤"을 추며 퇴장하거나 재생과 잔존殘存의 계기를 확보하기 위해 남모르는 안간힘을 쓰고 있기도 하다. 여기엔 "서식지를 벗어나면 위험"한 환경적인 여건과 그 변동성이 늘 있어왔기 때문이다.

"위험"은 그러나 생명들에게 항상 위협적인 절망의 요소로만 작용하는 것은 아니다. 다양한 생명군生命群에게 서식지의 위협요소를 감지하고 "그 어디쯤에서 몰려오는 결핍"을 생존의 다양한 방법론methodology을 궁구하는 계기를 마련해줄지도 모른다. 그것은 곧 궁즉통窮卽通의 즉자적卽自的인 자기 인식의 철저함이나 치열함으로 읽힐 수도 있는 상황이다. 그런 차원에서 생명은 "생존 물들이는" 결핍을 갱신의 매개로 활용하고 개척하는 여지를 스스로 담보하는 존재인지도 모른다.

    노란색을 좋아하잖아

    이제는 검정색을 좋아한다고

    앙상한 나는

햇볕을 쬘 수 없어

크고 우람한 옆에 아이는 햇살을 독차지해

하늘 높이 솟아오르지만

나는 빛이 없는 그늘 아래서

한 조각 빛이라도 오기를 소망하지

하늘을 올려보다 보면

나무들은 서로의 가지에 간섭하지 않아

그럼에도 나는 더 이상 클 수 없어

나의 모든 것을 빼앗긴 것 같아

이끼 낀 바위들이 촉촉해질 때 나도 촉촉해져
—「엄마는 몰라」 전문

생존경쟁의 치열한 현장은 자연의 동식물이나 사람의 경우에도 큰 차이는 없어 보인다. 특히나 화자가 인식하는 소위 기氣를 펴고 살아가야 할 여건의 조성의 문제는 늘 평등하지 않고 치우쳐 있는 것으로 곧잘 인식된다. 현실의 "앙상한 나는" "크고 우람한 옆에 아이는 햇살을 독차지"함으로 인해서 늘 "한 조각 빛이라도 오기를 소망하"는 존재로 전락해 보인다. 하지만 이런 현실적 여건은 화자가 자연의 경우를 엿볼 때 새로운 국면으로 비춰지곤 한다. 즉 "하늘을 올려다 보면 나무들은 서로의 가지에 간섭하지 않"는 상황을 드러내곤 한다. 자연의 경우와 인간의 경우가 서로 다르게 경쟁하는 것처럼 보이지만 실상 여기엔 어느 정도 현실적이고 사실적인 편차偏差가 있다. 나무들의 경우라고 치열한 경쟁이 전혀 없거나 평화적 상생의 모드mode만이 있어 온 것은 아니다. 다만 시인은 이 시편에서 강조하고 싶은 지점이 다른 것 같다. 그것은 생명은 우열의 차원이 아니라 존재의 차원이어야 하며 그러므로 "모든 것을 빼앗긴 것 같"은 상실감을 주어서는 안 된다는 공생주의commensalism적 관점을 드러낸 측면이 완연하다 할 수 있다. 즉 이런 공생적共生的 관점은 "이끼 낀 바위들이 촉촉해질 때 나도 촉촉해"진다는 자타동일自他同一의 평등성Equality을 에두르듯 자연의 감촉으로 드러낸 경우라 할 수 있다.

    풍문에 걸려든 우주선
    귀를 쫑긋 세운 안테나

안 본 척
못 본 척

질척거리는 곁눈질 세상
벗어날 수 없는 공전궤도

무언의 진리 속에서
높고 낮은 의식의 감각

자유의지를 탑재한 채
우주 미아로 떠도는 행성

공공선을 향한 텔레파시
지향 없이 증폭되는 간극

서로를 향해 폭주하는
광기는 어디서 오는가
―「같거나 다른」 전문

 윤유점 시인의 보다 포괄적인 응시의 결과는 우리네 지구촌 삶의 이모저모를 통찰하는 보다 거시적all-inclusive인 측면의 생각을 점차 이끌어낸다. 얼핏 보면 관념적 질문을 드러내고 있지만 조금만 더 깊이 느껴보면 본원적인 지구촌 인류의 삶이 그려지는 실제감sense of practice을 마주할 수도 있다. 미시적微視的으로 보면 숨탄것들의 약육강식의 현황을 어느 순간 거시적인 관찰로 상호 포괄하는 시적 지점을 돋아낸다 할 수 있다. 시인의 지적知的 예지력은 인류의 현황이 지닌 문제점이 도출되고 여기서 문제에 대한 질의質疑가 일어난다.

우리는 서로의 생존의 현황을 마치 "안 본 척"하기도 하고 때로 "못 본 척"하기도 한다. 인류애적 박애博愛의 감정을 가지고 있다가도 어느 순간 이기적인 회피와 몰염치의 순간에 사로잡히기도 한다. 그런 의미에서 우리 지구촌 땅별은 "자유의지를 탑재한 채/ 우주 미아로 떠도는 행성"으로 전락해 보이기도 한다. "공공선을 향한 텔레파시"를 남발하듯 교신하지만 실제에 있어서는 일정한 "지향 없이 증폭되는 간극"을 보이기도 한다. 더군다나 "폭주하는/ 광기"는 보다 직접적이고 돌발적인 의외의 상황을 지구촌 현실에 연출하기도 한다.

> 빠져든 찰진 세상 한 발에 실린 관성
> 박차게 끌어올려 갯벌을 밀고 간 배
> 제 몸을 일으켜 세운 찬바람
> 또다시 일어서

진창에 무릎 꿇고 앞으로 전진하는
한 발은 뼛속까지 벅차오르는 아우성
참 꼬막 소쿠리 가득 차오르는
또 한 발 빠져들어
—「뻘배를 밀다」전문

 삶의 상황이 녹록지 않은 경우는 어쩌면 그것이 삶이라서 본원적으로 그런 것인지도 모른다. 절망과 희망의 양극단을 오가며 우리는 이 삶의 국면局面을 완전히 회피할 수는 없다. "빠져든 찰진 세상 한 발에 실린 관성"을 단순히 부박하다거나 척박하다 여기지 않고 "박차게 끌어올려 갯벌을 밀고 간 배"처럼 스스로를 추동해 나아갈 수밖에 없음을 "뻘배"의 작동원리principles of how they work를 통해 시인은 찰지게 비유한다. 더군다나 일반적으로 긍정적인 측면이 아닌 경우에도 "제 몸을 일으켜 세운 찬바람"에 주목할 필요가 있다. 따스한 봄바람이나 명지바람이 아닌 신산스런 존재의 조건임에도 오히려 "찬바람"이라서 혹은 그 혹한酷寒에도 불구하고 "또다시 일어서"는 불굴의 의지를 견인한다는 점에서 의미심장하다.
 이는 생명성生命性의 본질이 무엇인가를 궁극적으로 현시하고 또 묻는 일에 부합한다. 온전하고 온건한 경우에만 생명의 기질이 존재하는 것이 아니란 것이다. "진창에 무릎 꿇고 앞으로 전진하는" 그 분투의 "아우성"이 있은 다음에야 "참 꼬막 소쿠리 가득 차오르는" 결과의 산물이 도출된다는 엄연한 사실. 여기에 시인의 결연한 눈길이 가닿아 있는 것이 아닐까. 비록 깊게 질척이고 휘어잡는 뻘 같은 현실이 오늘의 발목을 "또 한 발 빠져들게" 하더라도 말이다.

    어미는 늦은 밤 손톱을 깎아주며
    하얗게 잘려 나간 패각에 오열했다

    심해 속 맑은 종소리
    닿지 못한 물갈퀴

    어미의 얼굴에 핀 파문을 닦아 주며
    부단히 살아남은 햇살이 눈부셨다

    낮에 뜬 이지러진 달
    건지려는 자맥질
    ―「손톱 깎는 날 1」 전문

평생 바닷바람으로 이마의 주름살을 일궈냈을 "어미"는 생명의 자장磁場이자 어쩌면 모든 존재의 신성한 생존 투쟁을 함축하고 번져내는 근거인지도 모른다. 그것은 곧 생명의 본향本鄉이랄 수 있는 바다라는 거대한 비유-metaphor이자 실제와 함께 우리네 존재의 현주소를 환기시키는 근원적인 매개인지도 모른다. 인간의 소망과 미의식美意識은 "심해 속 맑은 종소리"에 가닿고 싶어하지만 현실은 "닿지 못한 물갈퀴"로 현실에 좌초하듯 살아있고 또 살아가야 한다. 그런데 이것이 절망적인 상황이냐 하면 꼭 그렇지가 않다. 오히려 화자인 시인이 보기에 고단하고 곡진한 "어미의 얼굴에 핀 파문을 닦아 주"면서 마주하게 되는 또 다른 현실의 미감美感은 그 어미의 얼굴에 반영되는 "부단히 살아남은 햇살이 눈부"시다는 새삼스러운 발견에 있다. 즉 이런 눈부심은 단순한 자연현상의 한 단면이 아니라 현실과 부단히 부딪히고 갈마들면서 존재의 한계를 갱신해가려는 생명의 현장성이 발현하는 아름다움의 진면목이라 할 만하다.

> 바람은 가만가만 얼굴을 간질이고
> 떠돌던 기억처럼 어쩌다 혼자 남아
> 지난날 추억을 위해 풍경소리 울리네
>
> 슬픔은 오롯이 가슴에 돋아나고
> 서럽게 춤을 추는 고래의 지느러미
> 그 옛날 야생을 위해 움찔하는 비행선
> ―「비상」전문

가장 인상적이고 이상적more than인 존재의 환경이나 상태란 무엇인가. 생명에 관한 궁구窮究가 있는 시적 열정은 "바람은 가만가만 얼굴을 간질이"는 서슬에도 "추억을 위해 풍경소리"를 울리거나 혹은 들을 줄 아는 감각의 눈썰미가 있어야 하지 않을까. 비록 "슬픔은 오롯이 가슴에 돋아나"지만 그것은 단순한 비애의 정조情操만이 아니라 모든 생명의 고갱이를 향한 늠늠하고 관대한 눈길이 그 슬픔 속에 내재한 것이지 않을까 싶다.

그런 차원에서 보면 존재, 즉 모든 숨탄것들의 행위는 "서럽"고 슬프다. 이 서러움과 슬픔은 나ego의 한계를 넓히고 웅숭깊게 하여 나 아닌 것들과의 공유共有와 연대를 강화하는 인간의 본원적인 자비의 감정과 잇닿아 있다고 볼 수 있지 않을까. 그것은 곧 "야생"의 자유를 위한 "춤을 추는 고래의 지느러미"가 갖는 활성vitality의 개진이자 시적 표현이 아닐 수 없다. 슬픔이 슬픔 그 자체에 한정되지 않는 생명의 본바탕을 인식하고 진실되이 살아내는 일이야말로 윤유점 시인이 꿈꾸는 "비상"의 실제가 아닐 수 없다.

    그 골목 지름길이다
    페인트 벗겨진 파란 대문이 있는 집
    날 선 철망을 타고 빨간 넝쿨장미가 무성했다

그 골목 들어설 때마다
괜찮을 거라고 최면을 걸었다

얼굴 큰 거인이 살고 있다는 그 집
한 번도 열린 적 없던 철문이 열려있었다

호기심과 마주친 눈동자
움푹 파인 커다란 눈이 슬펐다

그의 눈에 비쳐진 나의 공포심
그는 의아하게 바라보고 있었다
비명을 삼킨 그 골목길 깊은 숨을 토해냈다
―「동화 같은 그런 날」 전문

　사물과 현상에 대한 "호기심"은 그 자체로 생명이 갖는 물음의 심리적 기제mechanism의 하나라 할 수 있다. 그런 의미에서 "페인트 벗겨진 파란 대문이 있는 집"은 비록 퇴락한 징후와 음험한 상상을 촉발하기는 하지만 그 자체로 외계外界에 대한 화자의 내면inside의 토로이자 생명의 본질이 어떤 내적 작용을 보이는가를 매개하는 중요한 시적 상관물相關物로 기능한다. "날 선 철망을 타고 빨간 넝쿨장미가 무성"한 이 상관물은 "마주친 눈동자" 속에서 "나의 공포심"을 발

견하게 되는데, 이 공포심horror이 바로 근원적으로는 세상과 생명에 대한 물음의 형식을 가지고 있다는 것이다.

화자는 그런 세상의 뭇 생명들과 사물에 대해 "의아하게 바라보고 있"다는 사실을 통해 스스로 의뭉스런 존재로 전락하는 것이 아니라 존재의 깊이를 향한 "깊은 숨을 토해"낼 줄 아는 시인으로 거듭나는 계기를 마련한다. 여기에 시인의 생명을 향한 본질적 위상位相이 개입돼 있다고 보여진다. 그런 의미에서 물음이라는 존재의 형식은 생명의 고매한 가치이자 존재를 훤칠하게 갱신renewal하는 본원적인 촉매 활동이 아닐 수 없다. 생명을 생명답게 존재를 존재의 가치에 부합시키는 물음은 그렇게 시인의 사명처럼 진작되기에 이른다.

164
현대시학 시인선

생명의 랩소디

초판 1쇄 발행	2025년 11월 28일

지은이	윤유점
발행인	전기화
책임편집	이주희

발행처	현대시학사
등록일	1969년 1월 21일
등록번호	종로 라 00079호
주소	서울시 서대문구 충정로 11길 26 현대빌딩 101호
전화	02. 701. 2341
블로그	http://blog.naver.com/webzinhdsh
이메일	hdsh69@daum.net
배포처	(주)명문사 02. 319. 8663

ISBN	979-11-93615-43-0 03810

○ 책값은 뒤표지에 있습니다.
○ 이 책의 판권은 지은이와 현대시학사에 있습니다.
  이 책 내용의 전부 또는 일부를 재사용하려면 반드시 양측의 서면 동의를 받아야 합니다.
○ 잘못 만들어진 책은 구입하신 서점에서 교환해 드립니다.

○ 본 도서는 2025년 부산광역시 부산문화재단 지역문화예술특성화 지원사업으로 지원을 받았습니다.